축복받은 성경 읽기

# 마르코복음서 문제집

본　　당 | ..........

이　　름 | ..........

세 례 명 | ..........

시　　작 | ..........

마　　침 | ..........

성서와함께

# 축복받은 성경 읽기 문제집 안내

이 문제집의 목적은 성경 공부보다 성경 읽기를 돕는 데 있습니다. 매주 1회, 5-8명이 모여 1-2시간 동안, 아래 순서에 따라 모임을 진행합니다. 말씀의 봉사자나 지도자가 없어도 누구나 진행자가 될 수 있습니다. 혼자 읽기에는 어려웠던 성경을 함께 읽으면서 '말씀은 멀리 있지 않고 아주 가까이 있음'(신명 30,14)을 깨닫게 되기 바랍니다.

## 시작기도

성령께 도움을 청하며 '성경을 읽기 전에 드리는 기도'(4쪽)를 드립니다.

## 읽어 봅시다

각 과의 안내문을 함께 읽고, 제시된 성경 본문을 한 구절씩 돌아가며 소리 내어 읽습니다(필요하다면 성경 본문을 두 번 읽어도 좋습니다).

## 살펴봅시다

각자 문제의 답을 성경에서 찾아 적고, 한 사람씩 각 문제를 읽고 답을 말합니다.

### 곰곰이 생각하고 나누어 봅시다

제시된 나눔 주제를 함께 읽고 자신의 생각을 간단하게 적은 후 돌아가며 나눕니다.

### 기억하고 싶은 성경 구절을 적어 봅시다

각자 마음에 와닿은 성경 구절을 적고, 돌아가며 읽습니다.

### 기도합시다

제시된 기도 지향에 따라 돌아가면서 짧게 기도합니다.

## 성경을 읽기 전에 드리는 기도

성경 안에서
저희를 친절히 만나 주시는 아버지,
넘치는 성령의 빛으로
제 눈을 열어 주시어 당신의 빛을 보게 하시고,
제 귀를 열어 주시어 당신의 말씀을 듣게 하시며,
제 마음을 열어 주시어
당신의 생명을 받아 안게 해 주소서.
그리하여 말씀의 신비가
얼마나 넓고 높고 깊은지 깨달아 알고,
인간의 모든 지식을 초월한
그리스도의 사랑에 대한 뜨거운 감동으로,
저의 모든 일상생활 가운데
새로운 기쁨과 당신의 능력이 빛나게 해 주시며,
저의 모든 형제들과 함께
당신의 영광을 찬미하게 해 주소서.
우리 주 예수 그리스도를 통하여 비나이다.
아멘.

# 차례

# 마르코복음서를 읽기 시작하며

네 복음서 최초로 기록되었으며 분량이 가장 적은 마르코복음서의 집필 연대는 전통적으로 예루살렘 성전이 파괴된 기원후 70년경 전후로 추정합니다. 그때 그리스도교 공동체는 로마 제국의 박해와 유다교와의 갈등과 관계 악화 등으로 매우 혼란한 시기를 겪으면서 많은 배교자가 생겼습니다. 이에 저자는 고통을 이겨 내고 공동체의 신앙을 보전하기 위해서, 예수님께서 바로 '그리스도'이시며 '하느님의 아드님'이심을 믿고 고백하고 선포하고자 복음서를 썼습니다.

다른 공관복음서와 달리 마르코복음서는 처음부터 "하느님의 아드님 예수 그리스도의 복음"(1,1)이라며 예수님의 정체성을 선포합니다. 그러나 실상 책의 전개를 보면 군중과 제자들은 '예수님이 누구이신지' 질문을 던지고(4,41; 6,2 참조) 더욱이 예수님께서도 당신 신원에 대해 마귀와 제자들에게 함구령을 내리십니다(1,23-25.34; 3,11-12; 7,36; 8,30; 9,9.30-31). 이를 '메시아 비밀'이라 하는데 예수님께서 '메시아'라는 사실을 십자가 위에서 돌아가시기 전까지 숨기는 것을 말합니다. 오직 그분의 수난과 죽음, 부활 사건을 통해서만 '예수님이 누구이신지' 분명히 알 수 있기 때문입니다. 그리고 이것은 "참으로 이 사람은 하느님의 아드님이셨다"(15,39)라는 백인대장의 고백으로 증명됩니다.

마르코복음서의 구조는 예수님이 활동하신 주요 지역을 중심으로 크게 세 부분으로 구분할 수 있습니다. 제1부는 '갈릴래아'를 중심으로(1,1-8,21) 이루어진 예수님의 행적입니다. 예수님께서는 함께할 제자들을 부르시고 군중에게 가르침과 치유, 구마, 기적 행위로 하느님 나라를 선포하며 '당신이 누구이신지'를 드러내십니다. 그러나 사람들은 놀라면서도 예수님께서 '하느님의 아드님 그리스도'이심을 알아보지 못합니다.

제2부는 '예루살렘으로 올라가는 길'(8,22-10,52)입니다. "스승님은 그리스도이십니다"(8,29)라는 베드로 사도의 신앙 고백과 함께 예수님께서 당신이 걸어가실 수난의 길과 부활 사건을 세 번에 걸쳐 예고하십니다. 그때마다 제자들은 예수님의 말씀을 이해하지 못한 행동들을 보여 주지만 예수님께서는 제자들이 가야 할 길을 가르쳐 주십니다.

제3부는 '예루살렘'에서 일어나는 예수님 생애의 마지막 일주일, 특히 수난과 죽음, 부활 사건을 이야기합니다(11,1-16,20). 예루살렘에 입성하신 예수님께서 제자들에게 예고하신 대로 십자가 위에서 죽음을 맞이하시며 "찬양받으실 분의 아들 메시아"(14,61)이신 당신 신원을 완전히 드러내십니다. 그리고 빈 무덤과 천사가 전해 준 메시지를 통해 사흘 만에 다시 살아나신다는 예수님 부활의 예언은 확증됩니다.

제1과

# 예수 그리스도의 복음의 시작과 선포

마르코복음은 예수님께서 하느님의 아들이시며 구세주이심을 선포하며 시작합니다. 하느님께서 예언자 이사야를 통해 말씀하신 대로 '주님의 길'을 마련하는 사명을 받은 세례자 요한이 광야에 나타나 회개의 세례를 선포하고, 사람들에게 세례를 베풀며, 세상에 오실 하느님의 아들 예수 그리스도를 예고합니다. 그 무렵 예수님께서는 요르단에서 요한에게 세례를 받으신 뒤, 성령께서 내보내신 광야에서 사탄의 유혹을 이겨 내며 공생활을 준비하십니다. 요한이 잡힌 뒤에 갈릴래아에서 하느님의 복음을 선포하신 예수님께서는 제자들을 부르시고 더러운 영을 쫓아내시고 병자들을 고쳐 주시며 하느님의 일을 시작하십니다.

## 읽어 봅시다 1,1-45

## 살펴봅시다

1. 마르코복음서의 전체 내용을 요약한 1장 1절 말씀을 마음에 새기면서 적어 보십시오.

2. 예수님께서 세례자 요한에게 세례를 받으신 후 일어난 일들입니다. 빈칸을 채워 보십시오.

- 1,10-11

  물에서 올라오신 예수님께서는 곧 하늘이 갈라지며 (            )께서 비둘기처럼 당신께 내려오시는 것을 보셨다. 이어 (            )에서 소리가 들려왔다. "너는 내가 (            ) 아들, (                    ) 아들이다."

- 1,12-13

  그 뒤에 성령께서는 곧 예수님을 (            )로 내보내셨다. 예수님께서는 광야에서 (            ) 동안 사탄에게 (            )을 받으셨다. 또한 들짐승들과 함께 지내셨는데 천사들이 그분의 시중을 들었다.

3. 예수님께서 갈릴래아에 가시어, 하느님의 복음을 선포하시며 하신 말씀을 적어 보십시오.

- 1,15

  때가 차서 하느님의 나라가 가까이 왔다. (                                        ).

4. 보기의 내용과 관계 있는 구절을 찾아 번호를 적어 보십시오.

① 예수님께서 시몬과 안드레아, 제베대오의 아들 야고보와 요한을 부르시자 그들은 곧바로 예수님을 따라나섰다.

② 예수님께서 안식일에 회당에서 가르치셨는데, 사람들은 그분의 가르침에 놀랐다.

③ 사람들은 병든 이들과 마귀 들린 이들을 모두 예수님께 데려왔다.

④ 새벽 아직 캄캄할 때, 예수님께서는 일어나 외딴곳으로 나가시어 그곳에서 기도하셨다.

⑤ 어떤 나병 환자가 예수님께 와서 말하였다. "스승님께서는 하고자 하시면 저를 깨끗하게 하실 수 있습니다."

• 1,41
예수님께서 가엾은 마음이 드셔서 손을 내밀어 그에게 대시며 말씀하셨다. "내가 하고자 하니 깨끗하게 되어라."
(          )

• 1,38
다른 이웃 고을들을 찾아가자. 그곳에도 내가 복음을 선포해야 한다. 사실 나는 그 일을 하려고 떠나온 것이다.
(　　　　)

- 1,34

예수님께서는 갖가지 질병을 앓는 많은 사람을 고쳐 주시고 많은 마귀를 쫓아내셨다. (　　　　　　　　)

- 1,17

나를 따라오너라. 내가 너희를 사람 낚는 어부가 되게 하겠다. (　　　　　　)

- 1,22

그분께서 율법학자들과 달리 권위를 가지고 가르치셨기 때문이다. (　　　　　　　　　　)

## 곰곰이 생각하고 나누어 봅시다

마르코복음서는 예수님께서 '하느님의 아들'이시며 구원자 '그리스도'이시라고 알려 줍니다. 나에게 예수님은 어떤 분이신지 깊이 생각하고 나누어 봅시다.

## 기억하고 싶은 성경 구절을 적어 봅시다

## 기도합시다

예수님의 부르심에 응답하는 이들, 특히 성소자들이 많아지도록 기도합시다.

## 제2과
# 갈릴래아 논쟁 이야기

갈릴래아 곳곳을 다니며 복음을 선포하신 예수님께서 다섯 가지 사건을 통해 율법학자들과 바리사이들을 상대로 논쟁을 하십니다. 이 논쟁을 통해 예수님께서는 당신이 '누구'인지 알려 주십니다. 예수님께서는 중풍 병자를 치유하시고 죄인이나 세리들과 함께 식사를 하십니다. 이로써 당신이 하느님으로부터 죄를 용서하는 권한을 받으셨음을 드러내십니다. 그리고 혼인 잔치에서 신랑과 함께 있는 동안에는 단식할 수 없다고 대답하시어 당신이 하느님의 구원을 실현하는 신랑이심을 알려 주십니다. 마지막으로 안식일에 해서는 안 되는, 이삭을 뜯고 병자를 치유하는 행동을 하시어 안식일의 참된 의미를 가르치십니다. 그러나 바리사이들과 헤로데 당원들은 예수님을 없앨 모의를 합니다.

### 읽어 봅시다 2,1-3,12

### 살펴봅시다

1. 예수님께서 하신 말씀입니다. 빈칸을 채워 완성하십시오.

- **카파르나움으로 가신 예수님께서 어떤 중풍 병자에게**

**"얘야, 너는 죄를 용서받았다"라고 하시자 율법학자는 하느님을 모독한다고 생각합니다. 그러자 예수님께서 하신 말씀**(2,10)

이제 (　　　　　　　　　　　　)이 땅에서 (　　　　)를 용서하는 권한을 가지고 있음을 너희가 알게 해 주겠다.

- **예수님이 죄인과 세리들과 함께 음식을 잡수시는 것을 보고 못마땅하게 여기는 바리사이파 율법학자들에게 하신 말씀**(2,17)

  건강한 이들에게는 의사가 필요하지 않으나 병든 이들에게는 필요하다. 나는 (　　　　　　)이 아니라 (　　　　　　)을 부르러 왔다.

2. '단식 논쟁'에서 예수님의 가르침과 다른 것을 찾아보십시오(2,18-22).

① 혼인 잔치 손님들이 신랑과 있을 때는 단식하지 않는다.
② 신랑을 빼앗길 날이 오면 단식할 것이다.
③ 새 천 조각을 헌 옷에 대고 깁지 않는다.
④ 새 포도주는 헌 가죽 부대에 담아야 잘 보존된다.

3. 바리사이들은 예수님께서 안식일에 해서는 안 되는 일을 한다고 고발하려 합니다. 예수님께서 안식일에 하신 말씀을 빈칸을 채워 완성하십시오.

- **예수님의 제자가 안식일에 밀밭 사이를 질러가며 밀 이삭을 뜯기 시작하는 것을 보고 바리사이들이 시비를 걸자 하신 말씀**(2,27-28)
  안식일이 (                    )을 위하여 생긴 것이지, 사람이 안식일을 위하여 생긴 것은 아니다. 그러므로 (                    )은 또한 안식일의 (                    )이다.

- **안식일에 손이 오그라든 사람을 고치면 고발하려는 사람들에게 하신 말씀**(3,4)
  안식일에 (                    )을 하는 것이 합당하냐? 남을 해치는 일을 하는 것이 합당하냐? (                    )을 구하는 것이 합당하냐? 죽이는 것이 합당하냐?

## 곰곰이 생각하고 나누어 봅시다

"안식일이 사람을 위하여 생긴 것이지, 사람이 안식일을 위하여 생긴 것은 아니다"(2,27)라는 말씀을 깊이 생각하며, 율법보다 사람을 귀하게 여기시는 예수님의 마음을 묵상하고 나누어 봅시다.

## 기억하고 싶은 성경 구절을 적어 봅시다

## 기도합시다

어려운 처지에 있는 이웃을 살펴보고 그들에게 구체적인 도움을 줄 수 있도록 기도합시다.

제3과

# 열두 제자의 선택과 비유 설교

예수님께서 당신이 원하시는 이들을 부르셔서 열둘을 뽑으시고 사도로 임명하십니다. 뽑힌 사도들은 예수님과 함께 지내며 복음을 선포하고 마귀를 쫓아내는 권한도 부여받았습니다. 예수님의 친척들은 그분을 오해하고, 예루살렘에서 내려온 율법학자들은 예수님이 마귀 우두머리의 힘을 빌려 마귀를 쫓아낸다고 하자 예수님께서 성령을 모독하는 자는 영원히 용서받지 못한다고 하십니다. 혈연이 아닌, 영적으로 맺은 참가족의 의미와 일상 체험에 근거한 비유로 예수님께서는 군중에게 하느님 나라의 신비를 가르치십니다.

## 읽어 봅시다 3,13-4,34

## 살펴봅시다

1. 예수님께서 당신이 원하시는 이들을 가까이 부르셔서 열둘을 사도로 삼으십니다. 빈칸을 채워 그 이유와 사도들의 이름을 완성하십시오.

- **부르신 이유**(3,14-15)
  그들을 당신과 ( ) 지내게 하시고, 그들을 (

)하시어 복음을 선포하게 하시며, 마귀들을 쫓아내는 (　　　　　)을 가지게 하시려는 것이었다.

- **예수님께서 세우신 사도들의 이름**(3,16-19)
  베드로라는 이름을 붙여 주신 (　　　), 야고보, (　　　), 안드레아, 필립보, 바르톨로메오, (　　　　　), 토마스, 야고보, 타대오, 열혈당원 (　　　), 유다 이스카리옷

2. 예수님께서 하신 말씀입니다. 빈칸을 채워 완성하십시오.

- **사람들이 예수님께 "그는 더러운 영이 들렸다"라고 하자 하신 말씀**(3,28-29)
  사람들이 짓는 모든 죄와 그들이 신성을 모독하는 어떠한 말도 용서받을 것이다. 그러나 (　　　　　) 자는 영원히 용서를 받지 못하고 영원한 죄에 매이게 된다.

- **사람들이 예수님께 "스승님의 어머님과 형제들과 누이들이 밖에서 스승님을 찾고 계십니다" 하고 말하자 하신 말씀**(3,35)
  (　　　　　　　　　　　　　　　)이 바로 내 형제요 누이요 어머니다.

3. 씨 뿌리는 사람의 비유에 나오는 내용을 알맞게 연결해 봅시다 (4,1-9).

| | |
|---|---|
| ① 길에 떨어진 씨앗 | • 가시덤불이 자라면서 숨을 막아 버려 열매를 맺지 못함 |
| ② 흙이 많지 않은 돌밭에 떨어진 씨앗 | • 뿌리가 없어서 말라 버림 |
| ③ 가시덤불 속에 떨어진 씨앗 | • 새들이 와서 먹어 버림 |
| ④ 좋은 땅에 떨어진 씨앗 | • 서른 배, 예순 배, 백 배의 열매를 맺음 |

4. 예수님께서 '등불', '저절로 자라는 씨앗', '겨자씨'의 비유를 통해 무엇을 가르치셨습니까?

① 성공하는 기술
② 하느님의 나라
③ 부자가 되는 방법
④ 건강하게 사는 방법

### 곰곰이 생각하고 나누어 봅시다

예수님께서 하느님의 뜻을 실행하는 사람이 바로 "내 형제요 누이요 어머니"(3,35)라고 하십니다. 나는 일상생활 중에 하느님의 뜻을 실행하려고 얼마나 노력하는지 생각하고 나누어 봅시다.

### 기억하고 싶은 성경 구절을 적어 봅시다

### 기도합시다

내 마음에 뿌려진 믿음의 씨앗이 잘 자라서 많은 열매를 맺게 해 주시기를 청하며 기도합시다.

제4과
# 기적 이야기

예수님께서 네 가지 기적을 행하십니다. 호수 위에서 풍랑을 가라앉히시어 믿음이 없어 위험에 빠진 제자들을 구해 주시며, 이방인들의 땅 게라사 지방에서 '군대'라는 많은 마귀에 들린 사람을 해방시키십니다. 회당장 야이로의 딸을 살려 주시고 하혈하는 부인을 고쳐 주십니다. 예수님께서는 비유로 가르쳐 주신 하느님 나라를 '기적'을 통해 보여 주시며 구원자이신 당신 권능을 드러내십니다. 예수님의 고향 나자렛 사람들은 예수님을 보고 놀라워하였지만, 그분을 못마땅하게 여기고 믿지 않았기에 예수님께서는 그곳에서 아무런 기적도 일으키실 수 없었습니다.

## 읽어 봅시다 4,35-6,6ㄱ

## 살펴봅시다

1. 예수님과 함께 배를 타고 호수 건너편으로 가던 제자들은 풍랑을 만났습니다. 그때 제자들이 보인 태도와 드러난 예수님의 권능, 제자들에게 하신 예수님의 말씀을 빈칸을 채워 완성해 봅시다.

- **제자들의 태도**(4,38)
  제자들이 예수님을 깨우며, "스승님, 저희가 죽게 되었는데도 (                                        )" 하고 말하였다.

- **예수님의 권능**(4,39)
  예수님께서 깨어나시어 바람을 (                                        ) 호수더러, "(                                        ), 조용히 하여라!" 하시니 바람이 멎고 아주 (                                        ).

- **예수님의 말씀**(4,40)
  "왜 겁을 내느냐? 아직도 (                    )이 없느냐?" 하고 말씀하셨다.

2. 예수님께서 고쳐 주신 게라사 지방의 더러운 영에 들렸던 사람과 관련이 <u>없는</u> 것은 무엇입니까?(5,1-20)

① 더러운 영이 들린 사람은 예수님 앞에 엎드려 절하며 "지극히 높으신 하느님의 아들 예수님, 저와 함께 계셔 주십시오" 하고 말했다(5,7).
② 예수님께서 배에 오르시자, 마귀 들렸던 이가 예수님께 같이 있게 해 주십사고 청하였다(5,18).

③ 예수님께서는 그에게 말씀하셨다. "집으로 가족들에게 돌아가, 주님께서 너에게 해 주신 일과 자비를 베풀어 주신 일을 모두 알려라"(5,19).

④ 그는 물러가, 예수님께서 자기에게 해 주신 모든 일을 데카폴리스 지방에 선포하기 시작하였다(5,20).

3. 예수님께서 야이로의 딸을 살리시고 하혈하는 부인을 고쳐 주십니다(5,21-43). 빈칸을 채워 말씀을 완성해 보십시오.

- **5,25-28**

  그 가운데에 (                    ) 동안이나 하혈하는 여자가 군중에 섞여 예수님의 옷에 손을 대었다. '내가 저분의 옷에 손을 대기만 하여도 (                )을 받겠지' 하고 생각하였던 것이다.

- **5,33-34**

  그 부인은 자기에게 일어난 일을 알았기 때문에, 두려워 떨며 나와서 예수님 앞에 엎드려 사실대로 다 아뢰었다. 그러자 예수님께서 "딸아, 네 (                )이 너를 구원하였다. (                                        ). 그리고 병에서 벗어나 건강해져라."

- 5,35-36

  예수님께서는 회당장의 딸이 죽었다는 말을 들으시고 회당장에게 말씀하셨다. "두려워하지 말고 (                    ) 하여라."

- 5,41-42

  예수님께서는 아이의 손을 잡으시고 말씀하셨다. "(                    )!" 소녀가 곧바로 (                    ) 걸어 다녔다. 소녀의 나이는 열두 살이었다.

4. 예수님의 고향 나자렛 사람들은 예수님을 못마땅하게 여기며 불신했습니다. 이때 예수님께서 하신 말씀은 무엇입니까?(6,1-6ㄱ)

   ① 의사야 네 병부터 고쳐라.
   ② 사람의 아들은 머리 둘 곳조차 없다.
   ③ 사탄아 물러가라.
   ④ 예언자는 어디에서나 존경받지만 고향과 친척과 집안에서만은 존경받지 못한다.

### 곰곰이 생각하고 나누어 봅시다

“저 사람은 목수로서 마리아의 아들이며, 야고보, 요세, 유다, 시몬과 형제간이 아닌가?”(6,3) 예수님의 고향 사람들은 선입견 때문에 예수님을 메시아로 받아들이지 못합니다. 내가 선입견으로 받아들이지 못하는 사람은 없는지 곰곰이 생각해 봅시다.

### 기억하고 싶은 성경 구절을 적어 봅시다

### 기도합시다

사회적 편견으로 소외되는 이들을 위하여 기도합시다.

제5과

# 열두 제자의 파견과 유다인 선교

예수님께서 둘씩 짝지어서 파견한 열두 제자들은 길을 떠나, '회개하라'고 선포하며 예수님께서 주신 권한으로 많은 마귀를 쫓아내고 많은 병자를 고쳐 주었습니다. 돌아온 제자들과 함께 외딴곳으로 떠난 예수님께서 이미 그곳에 도착한 군중들을 말씀과 빵의 기적으로 배불리시고, 새벽녘에 호수 위를 걸어서 어려움에 처한 제자들에게 다가가 "나다"(6,50)라고 말씀하시며 당신의 신원을 드러내십니다. 그러나 제자들은 마음이 완고해져서 여전히 예수님이 누구이신지 깨닫지 못합니다. 예수님께서는 예루살렘에서 온 바리사이들과 율법학자들과 '정결례'와 '조상들의 전통'에 관해 논쟁하면서 율법의 참된 의미를 가르치십니다.

## 읽어 봅시다 6,6ㄴ-7,23

## 살펴봅시다

1. 예수님께서는 열두 제자에게 더러운 영들에 대한 권한을 주시고, 둘씩 짝지어 파견하십니다. 이때 예수님께서 제자들에게 당부하신 말씀 중 틀린 것을 찾아보십시오(6,8-11).

① 길을 떠날 때에 지팡이 외에는 아무것도, 빵도 여행 보따리도 전대에 돈도 가져가지 말라.

② 신발은 신되 옷도 두 벌은 껴입지 마라.

③ 어떤 집에 들어가든지 하룻밤을 보내고 나서는 다른 집으로 가서 묵어라.

④ 어느 곳이든 너희를 받아들이지 않고 너희 말을 듣지 않으면, 그곳을 떠날 때 그들에게 보이는 증거로 발밑의 먼지를 털어 버려라.

2. 예수님의 소문을 들은 사람들은 예수님을 누구라고 생각합니까?

- 6,14-15

3. 예수님께서는 오천 명을 먹이신 기적을 행하신 후, 물 위를 걸으시고 겐네사렛에서 병자를 고치십니다. 빈칸을 채워 보십시오.

- 6,41-43

  예수님께서는 빵 (　　　　　　　)와 물고기 (　　　　　)를 손에 들고 하늘을 우러러 (　　　　　　)를 드리신 다음 빵을 떼어 제자들에게 주시며, 사람들에게도 나누어 주도록 하셨다. 먹고 남은 빵 조각과 물고기를 모으니 (　　　　　　)에 가득 찼다.

- 6,47-50

  호수 한가운데서 노를 젓느라고 애를 쓰는 제자들을 보시고, 예수님께서는 새벽녘에 호수 위를 걸으시어 그들 쪽으로 가셨다. 제자들이 예수님을 (　　　　　)인 줄로 생각하여 비명을 지르자 예수님께서는 "용기를 내어라. (　　　　　). 두려워하지 마라" 하고 말씀하셨다.

- 6,56

  마을이든 고을이든 촌락이든 예수님께서 들어가기만 하시면, 장터에 (　　　　　　)들을 데려다 놓고 그 옷자락 술에 그들이 손이라도 대게 해 주십사고 청하였다. 과연 그것에 손을 댄 사람마다 (　　　　　)을 받았다.

4. 예수님께서 '조상들의 전통에 관한 논쟁'에서 모든 음식은 깨끗하다고 하시며 오히려 사람에게서 나오는 것이 사람을 더럽힌다고 하십니다. 사람의 마음에서 나오는 악한 것들이 무엇인지 적어 봅시다.

- 7,21-23

  사람의 마음에서 (                              ), 불륜, 도둑질, 살인, 간음, (                    ), 악의, 사기, 방탕, 시기, 중상, (              ), 어리석음이 나온다. 이런 악한 것들이 모두 안에서 나와 사람을 더럽힌다.

## 곰곰이 생각하고 나누어 봅시다

세례자 요한은 헤로데의 부당함을 고발했다는 이유로 죽임을 당합니다. 우리 주변에서 일어나는 부당한 일들은 무엇인지 살펴보고, 나는 그 부당함에 어떻게 대응하는지 성찰하고 나누어 봅시다.

## 기억하고 싶은 성경 구절을 적어 봅시다

## 기도합시다

세상 곳곳에서 복음을 선포하는 선교사들을 위하여 기도합시다.

제6과
# 이방인에 대한 선교

예수님께서 이방인 지역을 중심으로 기적을 행하며 구원자이신 당신의 권능을 드러내십니다. 티로에서 시리아 페니키아 여자의 믿음을 보시어 그녀의 딸에게서 마귀를 쫓아내십니다. 또 데카폴리스에서는 귀먹고 말 더듬는 사람을 고치시어 그의 귀가 열리고, 제대로 말을 하게 하십니다. 모여든 군중을 보시고 오천 명을 먹이신 것처럼 가엾은 마음이 드시어 사천 명을 먹이십니다. 사람들은 예수님께서 하신 일을 보고 놀라며 훌륭하다고 감탄하지만 바리사이들은 예수님을 시험하려 표징을 요구합니다. 또 제자들은 바리사이와 헤로데의 누룩을 조심하라는 예수님의 말씀을 이해하지 못하고 깨닫지도 못합니다.

## 읽어 봅시다 7,24-8,21

## 살펴봅시다

1. 예수님께서 기적을 통해 이방인들에게 복음을 전하십니다. 빈칸에 들어갈 알맞은 낱말을 적어 봅시다.

귀, 눈, 혀, 한숨, 강아지, 열둘, 들숨, 일곱, 빵, 열려라

① **시리아 페니키아 여자의 믿음**(7,24-30)

- 7,27

  먼저 자녀들을 배불리 먹여야 한다. 자녀들의 (        )을 집어 (            )들에게 던져 주는 것은 옳지 않다.

- 7,28

  주님, 그러나 상 아래에 있는 (            )들도 자식들이 떨어뜨린 부스러기는 먹습니다.

② **귀먹고 말 더듬는 이를 고치시다**(7,31-37)

- 7,32-33

  사람들이 귀먹고 말 더듬는 이를 데리고 오자 군중에게서 따로 데리고 나가셔서, 당신 손가락을 그의 두 (        )에 넣으셨다가 침을 발라 그의 (        )에 손을 대셨다.

• 7,34-35

하늘을 우러러 (                    )을 내쉬신 다음, 그에게 "에파타!" 곧 "(                    )!" 하고 말씀하셨다. 그러자 곧 바로 귀가 열리고 묶인 혀가 풀려서 말을 제대로 하였다.

**③ 사천 명을 먹이시다**(8,1-10)

• 8,6-8

빵 (                ) 개를 손에 들고 감사를 드리신 다음, 떼어서 제자들에게 주시며 군중에게 나누어 주라고 하셨다. 물고기 몇 마리도 축복하신 다음에 나누어 주어 배불리 먹고 남은 조각을 모았더니 (                ) 바구니나 되었다.

2. 바리사이들이 와서 예수님과 논쟁하기 시작할 때 예수님에게 요구한 것과 이에 대한 예수님의 답변입니다. 빈칸에 공통으로 들어갈 낱말은 무엇입니까?

• **바리사이들의 요구**(8,11)

하늘에서 오는 (                    ).

- **예수님의 답변**(8,12)

  예수님께서는 마음속으로 깊이 탄식하며 말씀하셨다. "어찌하여 이 세대가 (            )을 요구하는가? 내가 진실로 너희에게 말한다. 이 세대는 어떠한 (            )도 받지 못할 것이다."

3. 예수님께서 하신 말씀이 아닌 것을 찾으십시오.

① 네가 그렇게 말하니, 가 보아라. 마귀가 이미 네 딸에게서 나갔다(7,29).

② 벌써 사흘 동안이나 내 곁에 머물렀는데 먹을 것이 없으니 그들을 집으로 돌려보내라(8,2).

③ 너희는 주의하여라. 바리사이들의 누룩과 헤로데의 누룩을 조심하여라(8,15).

④ 아직도 이해하지 못하고 깨닫지 못하느냐? 너희 마음이 그렇게도 완고하냐?(8,16-17).

### 곰곰이 생각하고 나누어 봅시다

일상에서 우리에게 보여 주시는 하느님 사랑의 표징을 알아보지 못했던 적은 없었는지 되돌아봅시다.

### 기억하고 싶은 성경 구절을 적어 봅시다

### 기도합시다

생명의 양식인 예수님의 몸을 받아 모시는 신앙인들이 성체성사의 은총을 충만히 누리도록 기도합시다.

## 제7과
# 수난과 부활에 대한 예고

예수님께서 예루살렘을 향하여 가십니다. 그 길은 십자가 위에서 맞이할 '죽음'을 향한 길이며 당신께서 '하느님의 아들 그리스도'이심을 확실하게 드러내는 길입니다. "스승님은 그리스도이십니다"(8,29)라는 베드로 사도의 신앙 고백 후 예수님께서 당신의 수난과 부활을 제자들에게 처음으로 예고하십니다. 하지만 베드로가 예수님을 꼭 붙들고 반박하자 예수님께서는 '사람의 일'만을 생각하는 베드로를 꾸짖으십니다. 그리고 자신을 버리고 제 십자가를 지는 것이 당신을 따르는 길임을 제자들과 모인 군중에게 가르치십니다.

### 읽어 봅시다 8,22-9,29

### 살펴봅시다

1. 예수님께서 카이사리아 필리피 근처 마을을 향하여 가실 때, 제자들에게 하신 질문과 베드로의 대답을 완성하십시오.

- **예수님의 질문**(8,29)
  그러면 ( )?

- **베드로의 대답**(8,30)

  (　　　　　　　　　　　　　　　　　　　　　　　　　　).

2. 예수님께서 처음으로 수난과 부활에 대한 예고를 하시자 베드로는 반박합니다(8,31-33). 이때 예수님께서 베드로에게 하신 말씀이 아닌 것은 무엇입니까?

   ① 사탄아, 내게서 물러가라.
   ② 너무 걱정하지 말아라.
   ③ 너는 하느님의 일은 생각하지 않는다.
   ④ 사람의 일만 생각하는구나.

3. 8,34-38은 '예수님을 어떻게 따라야 하는가'에 대한 말씀입니다. 빈칸을 채워 예수님의 가르침을 완성해 봅시다.

- **8,34**

  누구든지 내 뒤를 따르려면 (　　　　　　)을 버리고 (　　　　　　)를 지고 나를 따라야 한다.

4. 예수님께서 따로 제자들을 데리고 높은 산에 올라 그들 앞에서 영광스럽게 변모하십니다(9,2-10). 빈칸을 채워 보십시오.

- **목격자**(9,2)

  (                    ), (                    ), (                    )

- **예수님과 대화를 나눈 인물**(9,4)

  (                    )와 (                    )

- **구름 속에서 들린 소리**(9,7)

  이는 내가 (                    )이니, 너희는 그의 말을 들어라.

- **예수님의 분부**(9,9)

  (                    )이 죽은 이들 가운데에서 다시 살아날 때까지, 지금 본 것을 아무에게도 (                    )고 분부하셨다.

### 곰곰이 생각하고 나누어 봅시다

베드로는 수난과 부활에 대한 예고를 듣고 예수님을 꼭 붙들고 반박합니다. 우리도 제자들처럼 구원을 위한 십자가를 거부하고 부활의 영광만을 누리려고 하지는 않는지 곰곰이 생각하고 나누어 봅시다.

### 기억하고 싶은 성경 구절을 적어 봅시다

### 기도합시다

예수님을 나의 주님이시고 스승이시며 그리스도라고 고백하며, 일상생활에서 만나는 크고 작은 고통을 잘 인내할 수 있도록 기도합시다.

## 제8과
# 제자들의 몰이해와 예수님의 가르침

예수님께서 제자들에게 '사람의 아들이 사람들의 손에 넘겨져 수난을 받고 죽임을 당하였다가 사흘 만에 다시 살아난다'고 계속해서 예고하십니다. 하지만 제자들은 매번 알아듣지도, 받아들이지도 못하였을 뿐만 아니라 예수님께 묻기도 두려워합니다. 오히려 그들은 '누가 가장 큰 사람인가?' 하는 문제로 논쟁을 벌이며, 세 번째 수난 예고를 듣고서도 예수님의 오른쪽, 왼쪽 자리다툼을 할 뿐입니다. 이에 예수님께서는 제자들에게 하느님 나라에 대해 가르치시고, 당신도 '섬김을 받으러 오지 않고 섬기러 왔듯이' 높은 사람이 되려면 모든 이를 섬기는 종이 되어야 한다고 말씀하십니다.

## 읽어 봅시다 9,30-10,52

## 살펴봅시다

1. 두 번째 수난 예고에 대한 제자들의 반응과 이에 대한 예수님의 가르침을 완성하십시오(9,30-37).

• **제자들의 반응**(9,32)

제자들은 그 말씀을 (

) 그분께 묻는 것도 두려워하였다.

• **예수님의 가르침**(9,35)

누구든지(

) 되어야 한다.

2. 예수님의 가르침이 아닌 것을 고르십시오.

① 하느님의 나라는 이 어린이들과 같은 사람들의 것이다(10,14).

② 가서 가진 것을 팔아 가난한 이들에게 주어라. … 그리고 와서 나를 따라라(10,21).

③ 부자가 하느님 나라에 들어가는 것보다 낙타가 바늘귀로 빠져나가는 것이 더 어렵다(10,25).

④ 나 때문에, 또 복음 때문에 집이나 형제나 자매, 어머니나 아버지, 자녀나 토지를 버린 사람은 현세에서 박해도 받겠지만 집과 형제와 자매와 어머니와 자녀와 토지를 백 배나 받을 것이고, 내세에서는 영원한 생명을 받을 것이다(10,29-30).

3. 다음은 세 차례에 걸친 수난과 부활에 대한 예고를 종합한 말씀입니다. 예수님께서 제자들에게 하신 이 말씀을 마음에 새기며 적어 봅시다.

- 10,45

4. 예수님은 예루살렘 입성 직전에 예리코에서 눈먼 바르티매오의 청을 들어주십니다. 바르티매오와 예수님의 대화를 완성해 봅시다.

- **바르티매오**(10,47)

  (                                        ), 저에게 자비를 베풀어 주십시오.

- **예수님**(10,51)

  내가 너에게 무엇을 해 주기를 바라느냐?

- **바르티매오**(10,51)

  스승님, 제가 (                                        ).

- **예수님**(10,52)

  가거라. 네 (                    )이 너를 구원하였다.

### 곰곰이 생각하고 나누어 봅시다

부자는 예수님의 길을 따르겠다고 나섰지만, 가진 것을 팔아 가난한 이들에게 나누어 주고 예수님을 따르라는 말씀을 듣고 슬퍼하며 떠나갔습니다. 내가 예수님을 따르는 데 걸림돌이 되는 것이 무엇인지 곰곰이 생각하고 나누어 봅시다.

### 기억하고 싶은 성경 구절을 적어 봅시다

### 기도합시다

예수님의 수난 예고 말씀을 기억하며, 섬기러 오신 예수님을 일상에서 따를 수 있는 용기를 청하며 기도합시다.

## 제9과
# 예루살렘 입성

예수님께서 "호산나!"를 외치는 군중의 환호를 받으며 오시기로 약속하신 '메시아의 모습'으로 어린 나귀를 타고 예루살렘에 입성한 뒤, 먼저 성전에 들어가시고 그곳의 모든 것을 둘러보십니다. 다음 날 예수님께서 열매 맺지 못한 무화과나무를 저주하시고, 강도의 소굴이 되어 버린 예루살렘 성전을 정화함으로써 메시아로서의 상징적 활동을 보여 주십니다. 셋째 날에는 예수님께서 제자들에게 '믿고 기도하면 청하는 것은 무엇이든 이루어진다'고 가르치십니다. 그리고 성전에서 예수님의 권한을 문제 삼는 수석 사제들에게 '세례자 요한의 권한이 어디서 온 것인지'를 되물으시며 그들의 말문을 막으십니다.

### 읽어 봅시다 11,1-25

### 살펴봅시다

1. 예수님께서 예루살렘에 입성하실 때 일어난 일입니다. 빈칸을 채워 봅시다.

• **제자들**(11,7)

제자들은 그 (                    )를 예수님께 끌고 와서 그 위에 자기들의 (                )을 얹어 놓았다.

• **사람들**(11,8)

많은 이가 자기들의 겉옷을 (          )에 깔았다. 또 어떤 이들은 들에서 잎이 많은 (                    )를 꺾어다가 깔았다.

• **사람들의 외침**(11,9)

'호산나! (                         )으로 오시는 분은 복되시어라.' 다가오는 우리 조상 (                         )는 복되어라. 지극히 높은 곳에 호산나!

• **예수님**(11,11)

예수님께서 예루살렘에 이르러 (          )에 들어가셨다.

2. 예루살렘 입성 둘째 날 예수님은 성전을 정화하십니다. 내용과 다른 것은 무엇입니까?

① 예수님께서 사고팔고 하는 자들을 쫓아내고 환전상들의 탁자와 비둘기 장수들의 의자를 둘러엎으셨다(11,15).

② 아무도 성전을 가로질러 물건을 나르지 못하게 하셨다 (11,16).

③ 예수님께서는 "너희는 이곳을 '강도의 소굴'로 만들어 버렸다"(11,17) 하고 말씀하셨다.

④ 수석 사제들과 율법학자들은 예수님의 말씀을 듣고 감탄하였다(11,18).

3. 기도와 믿음에 대한 예수님의 말씀을 알맞게 연결해 봅시다(11, 20-25).

① 하느님을 믿어라 (11,22).

② 너희가 기도하며 청하는 것이 무엇이든 그것을 이미 받은 줄로 믿어라(11,24).

③ 너희가 기도할 때에 누군가에게 반감을 품고 있거든 용서하여라 (11,25).

- 그래야 하늘에 계신 너희 아버지께서도 너희의 잘못을 용서해 주신다.
- 마음속으로 의심하지 않고 자기가 말하는 대로 이루어진다고 믿으면, 그대로 될 것이다.
- 그러면 너희에게 그대로 이루어질 것이다.

### 곰곰이 생각하고 나누어 봅시다

하느님의 성전인 내 안에서 정화해야 할 것은 무엇인지 곰곰이 생각하고 나누어 봅시다.

### 기억하고 싶은 성경 구절을 적어 봅시다

### 기도합시다

나에게 잘못한 이들을 용서할 수 있는 믿음을 주시기를 청하며 기도합시다.

## 제10과
# 예루살렘 논쟁 이야기

예수님께서 예루살렘에서 유다 최고 지도자들과 논쟁을 이어 가십니다. 포도밭의 소작인 비유에서 하느님께서는 당신 아들인 예수님을 배척하는 수석 사제들, 율법학자들과 원로들을 심판하실 것임을 말씀하십니다. 황제에게 세금을 내는 문제에 대한 바리사이들과 헤로데 당원의 질문, 부활에 대한 사두가이들의 질문 등, 적대적 질문에 대해 예수님께서 지혜롭게 대답하시자 그들은 감탄합니다.

### 읽어 봅시다 11,27-12,44

### 살펴봅시다

1. 예수님께서는 수석 사제들과 율법학자들, 원로들에게 포도밭 소작인의 비유를 말씀하십니다. 빈칸을 채워 완성해 봅시다.

- **12,6**
  이제 주인에게는 오직 하나, (                    )만 남았다. 그는 마지막으로 '내 아들이야 존중해 주겠지' 하며 그들에게 아들을 보냈다.

• **12,7-8**

그러나 소작인들은 '저자가 (                    )다. 자, 저자를 죽여 버리자. 그러면 이 상속 재산이 우리 차지가 될 것이다' 하고 저희끼리 말하면서, 그를 붙잡아 죽이고는 (                    ) 밖으로 던져 버렸다.

• **12,9-10**

그는 돌아와 그 소작인들을 (                    ) 포도밭을 다른 이들에게 줄 것이다. 너희는 이 성경 말씀을 읽어 본 적이 없느냐? '집 짓는 이들이 내버린 돌 그 돌이 모퉁이의 (                    )이 되었네.'

2. 바리사이들과 헤로데 당원은 예수님께 올무를 씌우려고, 사두가이들은 자신들이 옳다는 것을 주장하기 위해서 질문을 합니다. 그들의 질문에 대한 예수님의 답을 보기에서 찾아 맞는 번호를 적어 봅시다(12,13-27).

① 황제의 것은 황제에게 돌려주고, 하느님의 것은 하느님께 돌려 드려라.

② 사람들이 죽은 이들 가운데에서 다시 살아날 때에는, 장가드는 일도 시집가는 일도 없이 하늘에 있는 천사들과 같아진다.

- 12,14

  황제에게 세금을 내는 것이 합당합니까, 합당하지 않습니까? 바쳐야 합니까, 바치지 말아야 합니까? (　　　　)

- 12,23

  다시 살아나는 부활 때에 그 여자는 그들 가운데 누구의 아내가 되겠습니까? 일곱이 다 그 여자를 아내로 맞아들였으니 말입니다. (　　　　)

3. 예수님께서는 '모든 계명 중 첫째가는 계명이 무엇이냐?'는 율법학자의 질문에 구약의 말씀을 통해 답하십니다. 그 내용을 적어 봅시다.

- 12,29-30

  첫째는 이것이다. '이스라엘아, 들어라. 주 우리 하느님은 한 분이신 주님이시다. 그러므로 너는 (

  ).'

- 12,31

  둘째는 이것이다. '(

  ).'

## 곰곰이 생각하고 나누어 봅시다

가난한 과부의 헌금(12,41-44) 이야기에서 예수님께서 원하시는 것이 무엇인지 곰곰이 생각하고 나누어 봅시다.

## 기억하고 싶은 성경 구절을 적어 봅시다

## 기도합시다

"'마음을 다하고 생각을 다하고 힘을 다하여 그분을 사랑하는 것'과 '이웃을 자기 자신처럼 사랑하는 것'이 모든 번제물과 희생 제물보다 낫습니다"(12,33)라는 말씀을 마음에 새기며, 사랑을 실천할 수 있도록 기도합시다.

## 제11과
# 종말 설교

예수님께서 공생활에서 마지막으로 제자들을 가르치시며 예루살렘 성전이 파괴될 것이라고 예고하십니다. 그 '시기'와 '표징'에 대한 제자들의 물음에 예수님께서는 일어날 '표징'에 대해서만 말씀하시고, 복음이 모든 민족에게 선포되기 위해 제자들이 감수해야 할 시련과 고난을 참고 견디라는 격려 말씀도 하십니다. 사람의 아들이 오는 세상 종말의 시간과 때는 아무도 모르기에 '조심하고 깨어 있으라'고 분부하십니다. 이는 그리스도교 공동체 전체에게 하신 말씀이기도 합니다.

## 읽어 봅시다 13,1-37

## 살펴봅시다

1. 성전 파괴와 재난의 시작에 대한 예수님의 말씀입니다. 빈칸을 채워 완성하십시오.

- 13,2
  너는 이 (                                        )을 보고 있느냐? 여기

돌 하나도 다른 돌 위에 남아 있지 않고 다 (
).

- 13,11

  사람들이 너희를 끌어다가 법정에 넘길 때, 무슨 말을 할 까 미리 ( ). 그저 그때에 너희에게 일러 주시는 대로 말하여라. 사실 말하는 이는 너희가 아니라 ( )이시다.

- 13,13

  너희는 내 이름 때문에 모든 사람에게 ( )을 받을 것이다. 그러나 끝까지 견디어 내는 이는 ( )을 받을 것이다.

2. 재난의 시작에 속하는 사건이 아닌 것은 무엇입니까?(13,6-8)

① 거짓 그리스도와 거짓 예언자가 나타남
② 홍수
③ 전쟁
④ 지진과 기근

3. 다음은 사람의 아들이 오시는 날에 관한 비유 말씀입니다. 빈칸을 채워 보십시오.

- **13,28-29**

  너희는 (                    )를 보고 그 비유를 깨달아라. 어느덧 가지가 부드러워지고 잎이 돋으면 여름이 가까이 온 줄 알게 된다. 이와 같이 너희도 이러한 일들이 일어나는 것을 보거든, (                              )이 문 가까이 온 줄 알아라.

## 곰곰이 생각하고 나누어 봅시다

"그 날과 그 시간을 아무도 모른다. 하늘의 천사들도 아들도 모르고 아버지만 아신다. 너희는 조심하고 깨어 지켜라. 그때가 언제 올지 너희가 모르기 때문이다"(13,32-33). 이 말씀을 묵상하고 나누어 봅시다.

## 기억하고 싶은 성경 구절을 적어 봅시다

## 기도합시다

신앙인들이 종말에 오실 주님을 올바른 자세로 맞이할 수 있도록 기도합시다.

제12과

# 예수님의 수난

예수님께서는 예고하신 대로 수난을 맞이하십니다. 파스카와 무교절 축제 이틀 전, 유다 최고 지도자들은 예수님을 잡아 죽일 궁리를 하고 예수님의 제자 유다 이스카리옷은 그들에게 예수님을 팔아넘기겠다고 제안합니다. 무교절 첫날 곧 파스카 양을 잡는 날, 예수님께서 제자들과 함께 마지막 저녁 만찬을 하시며 빵과 잔을 들어 감사 기도를 드리시고 제자들에게 나누어 주시니 제자들이 모두 그것을 먹고 마십니다. 성찬례 제정 후 겟세마니에서 간절히 기도하시며 하느님 아버지의 뜻에 순종하십니다. 체포되시어 유다 최고 의회에서 신문을 받으시고 '하느님 모독죄' 선고를 받으십니다. 조롱과 모욕을 받으신 뒤 로마 총독 본시오 빌라도에게 넘겨집니다.

## 읽어 봅시다 14,1-72

## 살펴봅시다

1. 예수님께서 베타니아에 있는 나병 환자 시몬의 집에 계실 때의 일이 아닌 것을 찾으십시오(14,3-9).

① 어떤 여자가 값비싼 순 나르드 향유가 든 옥합을 깨뜨려

예수님의 머리에 향유를 부었다(14,3).

② 몇 사람이 여자가 한 일을 칭찬했다(14,4).

③ "저 향유를 판 돈을 가난한 이들에게 나누어 줄 수도 있을 터인데" 하면서 그 여자를 나무랐다(14,5).

④ 예수님께서 이르셨다. "이 여자는 내 장례를 위하여 미리 내 몸에 향유를 바른 것이다"(14,6.8).

⑤ 예수님께서 이르셨다. "온 세상 어디든지 복음이 선포되는 곳마다, 이 여자가 한 일도 전해져서 이 여자를 기억하게 될 것이다"(14,6.9).

2. 14,12-25은 가톨릭교회 '성찬례'의 바탕이 되는 내용입니다. 빈칸을 채워 예수님과 제자들이 함께한 과정을 완성해 보십시오.

- **시간**(14,12)
  무교절 첫날 곧 (                    )을 잡는 날

- **예수님께서 빵을 들고 찬미를 드리신 다음 하신 말씀**(14,22)
  받아라. 이는 (                    )이다.

- **예수님께서 잔을 들어 감사를 드리신 다음 하신 말씀**(14,24)
  이는 많은 사람을 위하여 흘리는 (                    )다.

- **최후 만찬 후**(14,26)

  그들은 ( )를 부르고 나서 올리브산으로 갔다.

3. 예수님께서 겟세마니에서 기도하실 때 따로 데리고 가신 제자들과 그들에게 하신 말씀입니다(14,32-42). 빈칸을 채워 보십시오.

**① 예수님께서 데리고 간 제자들**

- **14,33**

  ( )와 ( )와 ( ) 을 데리고 가셨다.

**② 예수님께서 하신 말씀**

- **14,34**

  내 마음이 너무 괴로워 죽을 지경이다. 너희는 여기에 남아서 ( ).

- **14,38**

  너희는 ( ) 깨어 기도하여라.

• **14,42**

( ). 보라, 나를 팔아넘길 자가 가까이 왔다.

4. 다음은 예수님께서 겟세마니에서 잡히신 후, 빌라도에게 신문을 받기 전까지의 이야기입니다. 다음 구절을 적어 보십시오.

• **14,45-46**

그가 와서는 곧바로 ( ). 그러자 그들이 ( ).

• **14,61-64**

대사제는 다시 "( )" 하고 물었다. 예수님께서 대답하셨다. "그렇다. '너희는 ( )을 볼 것이다.'" … "여러분도 ( )을 듣지 않았습니까? 여러분의 생각은 어떻습니까?" 그들은 모두 ( )하였다.

• 14,66-72

불을 쬐고 있는 베드로를 보고 그를 찬찬히 살피면서 말하였다. "(

)"

그러자 베드로는, "(

)" 하고 부인하였다. 그가 바깥뜰로 나가자 닭이 울었다. … 베드로는 예수님께서, "(

)" 하신 말씀이 생각나서 울기 시작하였다.

### 곰곰이 생각하고 나누어 봅시다

"아빠! 아버지! 아버지께서는 무엇이든 하실 수 있으시니, 이 잔을 저에게서 거두어 주십시오. 그러나 제가 원하는 것을 하지 마시고 아버지께서 원하시는 것을 하십시오"(14,36). 이 말씀을 묵상하고 나누어 봅시다.

### 기억하고 싶은 성경 구절을 적어 봅시다

### 기도합시다

그리스도인들이 주님을 올바로 알고 그분의 뜻을 충실히 따를 수 있도록 기도합시다.

제13과

# 예수님의 죽음과 부활

예수님께서 로마 총독 본시오 빌라도에게 신문을 받고 사형 선고를 받으십니다. 빌라도로부터 예수님을 넘겨받은 군인들이 예수님께 '자주색 옷'을 입히고 '가시관'을 씌우고 갈대로 머리를 때리며 "유다인들의 임금님, 만세!"(15,18) 하며 조롱이 담긴 경배를 합니다. 키레네 사람 '시몬'의 도움을 받아 십자가를 지고 가신 예수님께서 골고타에서 십자가에 못 박혀 돌아가심으로 예고하신 수난과 죽음이 이루어졌습니다. 그 죽음을 지켜본 백인대장은 "참으로 이 사람은 하느님의 아드님이셨다"(15,39)라고 고백합니다. 말씀하신 대로 사흘 만에 부활하신 예수님께서 제자들에게 "너희는 온 세상에 가서 모든 피조물에게 복음을 선포하여라"(16,15)라는 사명을 주시고 승천하시어 하느님의 오른쪽에 앉으셨습니다.

## 읽어 봅시다 15,1-16,20

## 살펴봅시다

1. 15,1-32은 예수님께서 십자가 위에서 돌아가시기 전까지 수난의 모습을 보여 줍니다. 보기에서 알맞은 답을 찾아 적어 보십시오.

| | | |
|---|---|---|
| ㉠ 바라빠 | ㉡ 키레네 사람 시몬 | ㉢ 골고타 |
| ㉣ 겟세마니 | ㉤ 유다인들의 임금 | ㉥ 빌라도 |
| ㉦ 베드로 | ㉧ 이스라엘의 임금 메시아 | ㉨ 카야파 |

① 예수님께 "당신이 유다인들의 임금이오?"라고 물은 사람은 누구입니까?(15,2) (　　　　)

② 군중이 빌라도에게 요구하여 축제 때 풀린 죄수는 누구입니까?(15,11) (　　　　)

③ 예수님을 십자가에 못 박으러 끌고 간 군사들이 강제로 예수님의 십자가를 지게 한, 알렉산드로스와 루포스의 아버지는 누구입니까?(15,21) (　　　　)

④ '해골 터'라는 뜻으로 예수님께서 십자가에 못 박힌 곳은 어디입니까?(15,22) (　　　　)

⑤ 예수님의 죄명 패에 쓰인 죄목은 무엇입니까?(15,26)

( )

⑥ 수석 사제들이 예수님께 십자가에서 내려오면 예수님이 '누구'임을 믿겠다고 하면서 모욕합니까?(15,32) ( )

2. 예수님의 죽음과 부활에 대한 말씀을 빈칸을 채워 완성하십시오.

- **예수님께서 오후 세 시에 십자가 위에서 하신 말씀(15,34)**
  "엘로이 엘로이 레마 사박타니?" 이는 번역하면 '저의 ( ), 저의 ( ), 어찌하여 저를 ( )'라는 뜻이다.

- **예수님께서 숨을 거두시는 것을 본 로마인 백인대장의 고백(15,39)**
  참으로 이 사람은 ( )이셨다.

- **예수님의 무덤으로 갔던 여자들에게 빈 무덤 안에서 만난 천사가 예수님께서 되살아나셨다고 하면서 했던 말(16,7)**
  가서 ( )에게 이렇게 일러라.
  '예수님께서는 전에 여러분에게 말씀하신 대로 여러분보

다 먼저 (　　　　　　　　　　　　　　　　　　)로 가실 터이니,
여러분은 그분을 거기에서 뵙게 될 것입니다.'

3. 부활하신 예수님께서 열한 제자에게 나타나 주신 사명은 무엇입니까?

- 16,15

4. 예수님께서 승천하시기 전에 제자들에게 사명을 주시며 믿는 이들에게 일어날 표징에 대해 말씀하십니다. 아닌 것은 무엇입니까?(16,17-18)

① 마귀들을 쫓아냄
② 새로운 언어를 말함
③ 뱀을 집어 들고 독을 마셔도 해를 입지 않음
④ 사람들의 칭찬과 존경을 받음
⑤ 병자들에게 손을 얹으면 병이 나음

## 곰곰이 생각하고 나누어 봅시다

키레네 사람 시몬은 예수님의 십자가를 지고 갔습니다. 이웃의 어려움과 고통을 함께하여 은총을 받았던 체험을 나누어 봅시다.

## 기억하고 싶은 성경 구절을 적어 봅시다

## 기도합시다

1. '온 세상에 가서 모든 피조물에게 복음을 선포하라'고 하신 사명을 완수할 수 있도록 이끌어 주시기를 청합시다.
2. 마르코복음서를 읽으며 받은 하느님의 은총에 감사드리며 기도합시다.

## 마르코복음서에 나타난 예수님의 활동 지역

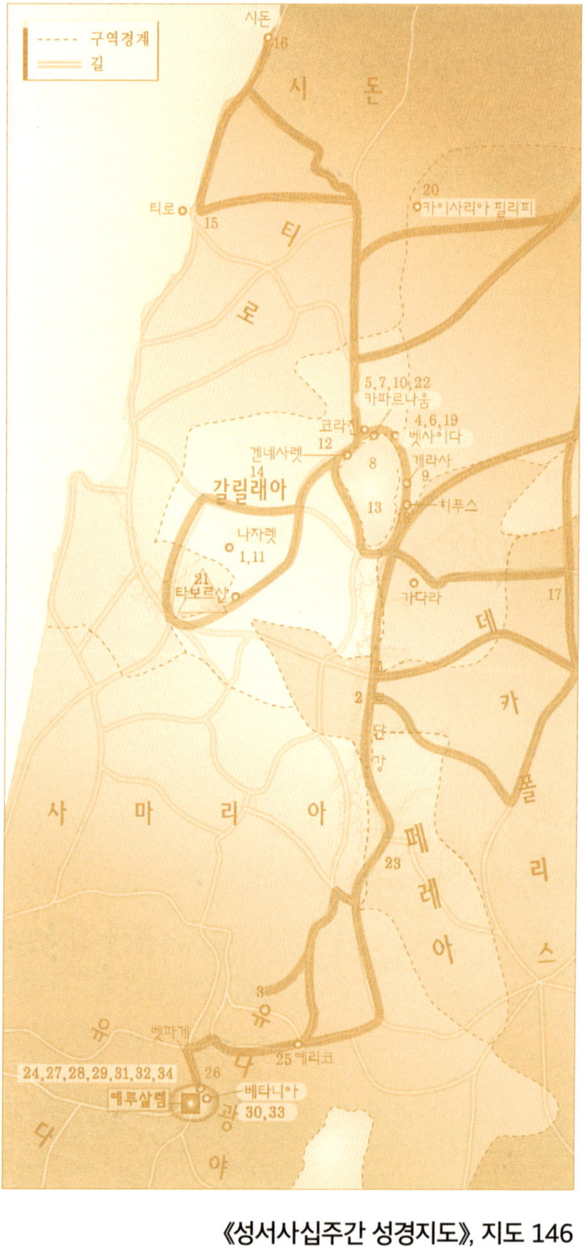


《성서사십주간 성경지도》, 지도 146

* 이 문제집과 성경 공부에 대한 자세한 문의는

가톨릭성서모임(www.biblemove.com)으로 해 주시기 바랍니다.


가톨릭성서모임

**서울의정부 협의체**

흑석동 (02) 824-4363·5 정릉 (02) 2171-1671~3

**수지** (031) 546-8819

**대구** 협의체 문의

**교구 소속 성서모임**

대전 (042) 223-4627 부산 (051) 519-0485

울산 (052) 261-6011 원주 (033) 765-4226

인천 (032) 765-6967 전주 (063) 230-1059

제주 (064) 729-9503 청주 (043) 210-1734

**청년성서모임**

서울 (02) 764-6452 부산 (051) 519-0483

수원 (031) 8019-5402 전주 (063) 285-0041

청주 (043) 220-1707 춘천 (033) 252-6063

**미국**

남가주 1-714-403-0010 / 1-714-514-9651(청년)

동부 1-201-937-6622 북가주: 남가주 문의

# 축복받은 성경 읽기
# 마르코복음서 문제집

서울대교구 인가: 2022년 2월 23일

초판 1쇄 펴낸날: 2022년 3월 4일

4쇄 펴낸날: 2025년 5월 24일

엮은이: 가톨릭성서모임

펴낸이: 나현오

펴낸곳: 성서와함께

06910 서울시 동작구 흑석로13길 7

Tel: (02) 822-0125~7 / Fax: (02) 822-0128

http://www.withbible.com / e-mail: order@withbible.com

등록번호 14-44(1987년 11월 25일)



ISBN 978-89-7635-394-8 94230

978-89-7635-919-3(세트)